Die fünf Milliarden.

Die fünf Milliarden.

Von

Ludwig Bamberger.

Separatabdruck aus dem XXXI. Bande der Preußischen Jahrbücher.

Berlin.

Druck und Verlag von Georg Reimer.

1873.

Im Frühjahr 1872 fuhr ich in Begleitung eines französischen Bekannten von Köln nach Lüttich. An einer Haltestelle zwischen Aachen und Herbesthal, an welcher zahlreiche Arbeiter beschäftigt waren, die Geleise auf Seitensträngen und Abzweigungen zu vermehren, klopfte mir mein Gefährte auf die Schulter und sagte halb ironisch, halb schmerzlich lächelnd: „Ce n'est pas étonnant! Nos cinq Milliards!" — Vergeblich bewies ich ihm, daß die Arbeiter von deutschen Müttern geboren, durch den Krieg jedenfalls vermindert, nicht vermehrt worden seien, daß die Schienen aus dem Eisenwerk von Burbach, daß der Tagelohn aus unserem Thalervorrath und die Capitalien aus dem alten Betriebsfonds der Eisenbahn stammten: er blieb dabei, daß dies Alles nur das Werk der fünf Milliarden sei. Ich bin seitdem und bis auf den heutigen Tag so oft ähnlichen Anschauungen auch auf landsmännischer Seite begegnet, daß sich immer mehr bei mir die Ueberzeugung befestigte, es müsse sich in hohem Grade der Mühe lohnen, für den wirklichen Hergang der Dinge bei dieser internationalen Finanzoperation ein klares Verständniß herbeizuführen. Allerdings zu einem völlig exacten Studium des Hergangs fehlen noch einige Voraussetzungen.

Für Nordpolfahrten, für meteorologische Stationen wird Jahr aus Jahr ein mit Freigebigkeit aus öffentlichen Mitteln der Aufwand bestritten. Vor zwei Jahren bewilligte das deutsche Reich eine Summe zur Ausrüstung einer wissenschaftlichen Expedition, welche sich nach Aden begab um den Durchgang der Venus durch die Sonne zu beobachten. Handelt es sich um solch' eine Combination der Gestirne, wie sie nur in hundertjährigen Zwischenräumen vorkommt, so drängt der schöne Eifer der gelehrten Welt darauf, die seltene Erscheinung um jeden Preis mit allen Instrumenten des Schauens und Messens für das Studium zu fixiren. Nun bietet sich in unserer nächsten Nähe, in unserem eigenen Lande die Gelegenheit, eine wirthschaftliche Constellation in's Auge zu fassen, wie sie nie zuvor dagewesen ist; dieselbe tritt in greifbaren, zeitlich eng zusammengedrängten Formen zu Tage, dergestalt, daß bei einigem guten Willen es möglich sein würde, sie beinahe mit mathematischen Hülfsmitteln in allen ihren einzelnen Phasen zu verfolgen. Sollte es da nicht angezeigt sein, ein Observatorium zu errichten um Einblick zu gewinnen in die merkwürdigen Umwälzungen, die sich daraus ergeben, daß eine Nachbar=Nation der andern binnen dritthalb Jahren die unfaßbare Summe von fünf Milliarden Franken abzahlt? Eine Summe, welche so viel des baaren Geldes ausdrückt, als nach den höchsten Veranschlagungen vor dem Krieg in Frankreich umlief; mehr als noch heute in Großbrittannien oder in Deutschland an Metall und Banknoten im Verkehr ist, dreimal soviel als die vereinten Budgets und mehr als die Schulden sämmtlicher deutscher Staaten ausmachen. Die Regierung des deutschen Reichs könnte der ökonomischen Wissenschaft aller Zeiten einen hervorragenden Dienst leisten, wenn sie in genauen Aufstellungen alle die Formen verzeichnen ließe, in welchen ihr die 5 Milliarden einlaufen, und die Formen der Wiederverausgabung. Diese Aufstellungen müßten ergänzt werden durch die Angaben, welche die Vorhand und die Nachhand liefern können. Die Bankhäuser, welche zwischen den Regierungen und zwischen diesen und den Privaten den Umsatz vermitteln, könnten auch ihrerseits das nöthige statistische Material über Abfluß und Zufluß beitreiben. Aus dem Ganzen würde eine merkwürdige Uebersicht des Lebensprozesses hervorgehen, in welchem die wirthschaftlichen Verhältnisse der Gegenwart sich bewegen. Ohne Zweifel würde eine Anschauung der Dinge zum Durchbruch kommen, welche im Finanzministerium wie in der Werkstätte für die Führung der größten wie der kleinsten Geschäfte ihre tiefe moralische und ökonomische Wirkung zurückließe.

Im Folgenden soll nur ein Versuch gemacht werden, so weit es ohne diese statistischen Hülfsmittel gelingen kann, uns Rechenschaft von dem bis jetzt noch wenig verstandenen Phänomen zu geben, das mit so tiefem Einfluß auf unser Geschick sich dennoch beinah ungesehen vor unsern Augen abspielt. Der Versuch beansprucht nicht, in allen Theilen scharf zutreffend auszufallen; nur glaubt er, indem er suchend voranschreitet, den Weg, auf welchem die Wahrheit zu finden ist, betreten und das Richtige, wenn noch nicht endgültig festgestellt, doch herausgefühlt zu haben. Mögen Andere darin die Aufforderung finden, zur Klarstellung eines Problems beizutragen, welches für Wissenschaft und Leben die tiefste Belehrung in sich trägt.

Zum Zweck der Auflösung der Operation in ihre Bestandtheile werden wir am besten thun, mit dem Handgreiflichsten anzufangen. Bei dem ersten Gedanken an eine Zahlung stellt man sich dieselbe in baarem Metall vor. In der That hat Frankreich die Sache so begonnen. Die Zahlungen der ersten Milliarde wurden zu einem guten Theil in Metall gemacht; allein wir wissen, daß seitdem in überwiegendem Verhältniß andre Zahlmittel an Stelle des baaren Geldes getreten sind. Ein solcher Vorrath war nicht aufzutreiben, jedenfalls nicht ohne unerschwingliche Opfer. Und wäre das möglich gewesen, für Deutschland bestünde noch weniger die Möglichkeit, einen solchen Schatz in sich nützlich aufzunehmen. Was sollten wir mit fünf Milliarden Gold oder Silber machen? Sie als Umlaufsmittel zu benützen, würde voraussetzen, daß unser Bedürfniß an baaren Verkehrsmitteln, welches durch unseren früheren Vorrath genügend gedeckt war, sich im Laufe eines Jahres um mehr als das anderthalbfache gesteigert hätte. Andererseits das Gold einzusperren hätte auch keinen Zweck. Es bliebe also nur die Möglichkeit, es wieder nach irgend einem Ausland zu versenden und dadurch Gläubiger des betreffenden Auslandes zu werden. Da aber würde sich die Frage aufwerfen: nach welchem Ausland? Denn offenbar, so wenig wir in der Lage waren, beliebige Metallsummen absorbiren zu können, so wenig sind wir berechtigt, diese Fähigkeit dem ersten besten Lande zuzutrauen. Gelöst wird die Frage annähernd, wenn wir uns sagen, daß die Länder, denen das uns zugeworfene Metall entnommen war, am ersten wieder das Bedürfniß haben möchten, es zurückzunehmen. Und was von der Hypothese einer Baarleistung sämmtlicher 5 Milliarden gilt, das gilt auch in der Hauptsache von demjenigen Bruchtheil, der uns wirklich in Form von Metall ausgehändigt worden ist. Aber hier greift ein modifizirender Umstand ein. Ein Theil des Metalls ist der französischen Circulation entnommen und kraft des Papier-Zwangs-Courses daselbst entbehrlich geworden. Nach Frankreich strebt das Metall also vorerst nur schwach zurück. Es bleiben mithin nur die Länder, welche den übrigen Theil der baaren Zahlungsmittel abgegeben haben. Aber auch nach diesen Gelder zu schicken, hängt nicht lediglich von unserem Willen ab. Um ihnen zahlen zu können, müssen wir entweder ihr Schuldner sein oder ihnen Vorschüsse machen wollen: ein drittes ist nicht denkbar. War nun der Stand der Handelsbilanz in früheren Jahren ein solcher, daß wir ohne Baar-Aussendungen von wesentlichem Belang im Durchschnitt unseren Consum an fremden Waaren bestreiten konnten, so ist jetzt noch viel weniger als sonst die Nothwendigkeit zu solcher Ausgleichung mittelst Baarmittel gegeben. Denn nicht mit Metallen allein, sondern zum großen Theil mit Anweisungen auf's Ausland zahlt uns Frankreich. Wir sind also mehr als früher Gläubiger, weniger als früher Schuldner des Auslandes; mit andern Worten, wir sind mehr auf's Vorschußgeben als auf Abtragung von Verpflichtungen an's Ausland angewiesen.

Fassen wir diese Verhältnisse zusammen, so stehen wir vor der

Thatsache, daß — soviel auch durch Nebeneinflüsse an diesem Hauptphänomen geändert werden möge — Deutschland in Folge des Empfangs der Kriegsschuld mit einer gewissen Summe von Baarmitteln und. von Forderungen an's Ausland versehen wird, auf deren Verwendung es nicht von vornherein eingerichtet war. Beide Seiten der Thatsache, sowohl der Ueberfluß an Forderungen nach außen, als der Ueberfluß an Zahlmitteln nach innen, führen dieselbe Wirkung herbei: den natürlichen Drang, Werthobjekte vom Auslande herbeizuziehen. Denn die Vermehrung der baaren Zahlmittel ist gleichbedeutend mit einer Steigerung der Preise, lockt also Waaren vom Ausland herein. Desgleichen das Vorhandensein zahlreicher Forderungen an's Ausland treibt zum Angebot dieser Forderungen, d. h. zum Angebot des Wechsels, welches die deutsche Kaufkraft für auswärtige Objekte steigert.

Wir sehen hiernach, daß die charakteristische Folge der französischen Schuldabwickelung immer schließlich darauf hinausgehen muß, die Valuta der fremden Länder bei uns herabzudrücken und in Folge dessen die Aufnahme fremder Waaren bei uns zu vermehren.

Und, irren wir uns nicht, so fällt diese Beobachtung auch ganz zusammen mit dem Grundgedanken, welcher in dieser colossalen Zahlung ausgedrückt ist.

Von der Betrachtung, daß diese Kriegsleistung bestimmt ist, erlittene Verluste in unserem Nationalvermögen wieder zu ersetzen, können wir für den Zweck unserer Analyse absehen. Es hat zwar auch diese Seite der Sache ihr Interesse, und wir werden später finden, daß deren richtige Auslegung vollständig zu den übrigen Folgerungen unserer Betrachtung paßt. Doch, um die Fäden nicht zu zahlreich und bunt durcheinander zu schlingen, müssen und dürfen wir hier bei der Hypothese bleiben, daß es sich um das einfache Problem einer neuen Bereicherung des deutschen Wirthschaftsstandes mittelst der französischen Kriegsleistung handelt.

Auf welche Weise kann ein Land sich bereichern? Es ist schon dem Individuum nicht so leicht, unendliche Schätze zu bemeistern, wie die Märchenphantasie sich einbildet. Die volksthümliche Redewendung, daß auch der Reichste nicht mehr als dreimal im Tag essen kann, behauptet bei einer ganzen Nation noch viel mehr ihren Sinn, als beim Individuum. Thatsächlich sind die wenigen Familien auf der Erde, welche ganz unverhältnißmäßige Reichthümer besitzen, gezwungen, eine Menge von Geschäften zu betreiben, bloß um ihre Capitalien unterzubringen. Das Haus Rothschild wäre längst in Verlegenheit seine Activa anzulegen, wenn es nur das größte Bankhaus der Welt wäre. Es gehört aber daneben auch zu den größten Grundbesitzern, den größten Rhedern, den größten Bergwerkseigenthümern, den größten Tabak- und Seidenhändlern, den größten Besitzern von Gemälden, Edelsteinen und Raritäten in der Welt. Dies nur als Andeutung, daß selbst einer einzelnen Familie die Grenzen eines bestimmten Landes für die fruchtbare Verwendung ihrer Reichthümer zu eng werden können. Erschwert wird einer Nation die Verwerthung plötzlich zuströmender Reichthümer noch dadurch, daß von einem Phantasiegenuß bei ihr nicht die Rede sein darf. Das bloße Bewußtsein eines immensen Besitzes ist für den in's Unendliche ausdehnbaren Gedanken eines Individuums offenbar größere Genugthuung als die Summe der Befriedigungen, die es sich mittelst seiner Reichthümer innerhalb der engen Grenzen individueller Genußfähigkeit verschaffen kann. Eine Nation aber, eine Gesammtheit steht vor dem Gebot, die ihr zur Verfügung stehenden Reichthümer so zu verwenden, daß sie in thatsächliche Nützlichkeit umgesetzt, nicht zu Phantasiekitzel aufgespeichert werden.

Kehren wir nunmehr zu der Aufgabe zurück, eine, allen bisherigen Handelsbedarf weit übersteigende, Summe von Baarmitteln und Anweisungen auf's Ausland im Inland zu verwerthen. (Von den Anweisungen auf's Inland wird später die Rede sein.) Bei uns zu Hause können wir, um den Besitzstand aus eigenen Mitteln zu erhöhen, nichts Anderes thun als mehr arbeiten. Zu dieser Arbeitsvermehrung gibt uns das Ausland nichts, kann es uns nichts geben, auch das mehr umlaufende Geld thut direkt nichts dazu. Mit der Regsamkeit unserer Arme, mit der Denkanstrengung unserer Erfindungskraft hat dies neu hinzukommende Geld in irgend welcher Form zunächst nichts zu schaffen. Es kann weder die Felder, auf denen wir hacken, graben, pflanzen, noch die Schachte, in welchen die Erze ruhen, weder das Holz in unseren Wäldern, noch das Vieh auf unseren Weiden von selbst vermehren. Abgesehen von der Herbeischaffung fremder Materialien, gibt es für den hereingeleiteten Goldstrom nur eine Art, die vorhandenen Menschen- und Naturkräfte des Inlands zu fördern. Es geschieht dies durch Hebung des Credits in Gestalt von leichter erlangbaren Zahlmitteln. Bekanntlich sind die bloßen Zahlmittel entfernt nicht gleichbedeutend mit dem Capitalvorrath eines Landes. Capital ist die Gesammtheit der Objekte. Von diesen Objekten bilden die Zahlmittel nur einen geringen Bruchtheil, und auch dieser Bruchtheil vermag nicht in beliebigem Verhältniß vermehrt zu werden, ohne an innerem Werthe abzunehmen. Die Gunst vielmehr, welche unser Land in der gegenwärtigen Lage durch vermehrte Zahlmittel für sein Productionsvermögen erfahren kann, liegt einzig darin, daß der moralische

Aufschwung, welchen der letzte Krieg naturgemäß nach sich zog, sich in einer gesteigerten Productionslust äußern mußte. Dieser gesteigerte Unternehmungsgeist verlangte einerseits vermehrte Tauschmittel, andererseits gesteigerte Vorschüsse, und auch das Verlangen nach größeren Vorschüssen konnte in Sicherheit gewährender Weise nur durch gesteigerte Baarmittel befriedigt werden. Ohne dieselben wäre eine vergrößerte Anzahl von Unternehmungen, die nothwendig, ehe sie selbst Werthe erzeugt haben, auf Credit leben müssen, gezwungen gewesen, entweder bestehenden Unternehmungen ihren Credit zu entziehen, oder das Vertrauen, welches in bloßer Bürgschaft bei nicht baaren Vorschußmitteln (Wechseln, Schuldpapieren 2c.) beruht, ungebürlich anzuspannen. Ein Theil des neu hinzugekommenen baaren Geldes findet also hier seine naturgemäße Verwendung. Es tritt in die Stelle ein, wo die vermehrte Geschäftsthätigkeit der Nation unter ihren Betriebsmitteln auch einen vermehrten Umlauf von Zahlmitteln braucht.

Wenn dies uns beruhigen kann darüber, daß wir thatsächlich Gelegenheit haben, einen Theil von empfangenen Metallzuschüssen fruchtbar zu verwenden, so muß auf der anderen Seite diese Beobachtung uns mit Nothwendigkeit zeigen, daß die nützliche Verwendbarkeit in dieser beschränkten Form auch dem Umfang nach nur in sehr beschränkten Grenzen Platz finden kann. Hier außerdem wie bei allen später noch zu betrachtenden Verwendungsarten gilt der Satz, daß schließlich alle Stoffvermehrung, fasse man sie nun als solche oder was eigentlich das allein Richtige ist, als bloße Formveränderung auf, nur allmählich, weder sprungweise noch naturwidrig rasch, vor sich gehen kann.

Betreten wir nun den zweiten Weg, unseren inneren Besitzstand zu vermehren, nämlich durch Bezug von Gegenständen aus dem Ausland.

Um uns klar zu machen, wie wir in Folge der Kriegsentschädigung dazu gelangen können, mehr Objekte als bisher vom Ausland zu beziehen, haben wir bereits eine Erläuterung gegeben. Das Fallen des Wechsels auf's Ausland ist gleichbedeutend mit wohlfeileren Waarenpreisen des Auslandes für uns. Diese Erscheinung kann sich auf zweierlei Art geltend machen: erstens dadurch, daß wir für dieselbe Quantität Geld im Ausland einen größeren Betrag derselben Objekte, die wir früher schon von demselben bezogen, empfangen; oder zweitens dadurch, daß wir neue Gattungen von Waaren, die früher im Inland für uns billiger waren, nunmehr wohlfeiler vom Ausland beziehen und dadurch im Inland Hände für andere Productionsarten frei machen. Aber auch diese Möglichkeit der Zufuhr hat ihre nicht weit abliegenden Grenzen; das Ausland so gut wie das Inland vermag nicht plötzlich die Masse der hervorzubringenden

Dinge beliebig zu vermehren. Es vermag dies um so weniger in einer Zeit, in welcher wir ihm einen unverhältnißmäßigen Betrag von Baarmitteln entziehen, deren es bisher bedurfte um seine Unternehmungen mit den nöthigen Betriebsfonds auszustatten. Wollen wir dem Ausland aber von seinem vorhandenen Besitzstand an Gegenständen mehr abnehmen, als seine eigene Verzehrungsgewohnheit erlaubt, so rufen wir natürlich eine Reaction hervor, welche sofort die günstigen Thatsachen wieder aufhebt, denen wir unsere verstärkte Kaufkraft verdankten. Nehmen wir an, wir wollten die Umstände benützen, um beträchtlich mehr Schlachtvieh in England zu kaufen, als der englische Tagesconsum abzugeben im Stande ist. Unmittelbare Wirkung eines solchen Versuches wäre die Preissteigerung des Schlachtviehes in England, welche den Vortheil des günstigen Standes der Valuta sofort aufhöbe. Wir mögen daraus sehen, daß nach außen wie nach innen plumpe und rapide Veränderungen des Besitzstandes trotz aller Zahlungsformalitäten nicht durchzuführen sind. Weder dem eigenen noch dem fremden Boden können wir an neuem Material mehr abgewinnen als die natürlich langsame Produktionskraft der Natur- und Menschenarbeit im Laufe der Jahre zu Stande bringt.

Es kommt aber noch etwas hinzu, das die Möglichkeit unseren neu gewonnenen Reichthum ohne Weiteres in Gestalt fremder Erzeugnisse herbeizuholen auf ein kleines Maß beschränkt.

Zunächst liegt diese Beschränkung in der begrenzten Möglichkeit materieller Zufuhr. Jedes Land das viel verbraucht, ist von Natur angewiesen, den größten Theil seines Bedarfs zu Hause zu erzeugen. Es ist ein alter Satz, daß der Binnenhandel eines civilisirten Landes unendlich mehr umschlägt als der Handel mit dem Auslande. Doch auch dies ist nur eine Nebenbetrachtung.

Das Wichtigste bleibt folgendes: Wer verfügt schließlich über die Zahlungen, welche vermöge der Kriegsentschädigung uns zufließen? Der einzige Disponent bleibt zunächst die Regierung (denken wir sie als eine einzige, denn daß das Reich an einzelne Landesregierungen abgiebt, ändert an der Sache nichts).

Wir wollen einmal an Hand der Rechenschaftsablage, welche die deutsche Reichsregierung unterm 12. März d. J. zur Spezialisirung der Einnahmen aus der französischen Kriegsentschädigung und der damit bestrittenen Ausgaben dem deutschen Reichstag vorgelegt hat, uns Klarheit über den Stoffwandel zu verschaffen suchen, der mittelst dieser Einnahmen und Ausgaben vollzogen wird. Es fehlen uns bis jetzt auf Seite der Einnahmen die authentischen Angaben über das, was in Form von baar, in Form von Wechseln auf's Inland und in Form von Wechseln auf's Ausland eingegangen ist. Diese Unterscheidung ist auch hier von untergeordneter Wichtigkeit, weil es uns nicht auf die Durchgangsform der ersten Zahlung, sondern auf die Art der Verwendung ankommt, welche die empfangende Regierung von diesen Zahlungen macht. Offenbar kann sie je nach Bedürfniß jede Anweisung auf's Ausland so gut wie jede Anweisung auf's Inland oder jede empfangene Summe Metalls zu Zahlungen im Inland verwenden. Es kommt uns also hier nicht so sehr auf die Form des Empfangs als auf die Form der Ausgabe an. Unter der aufgezählten Rubrik finden wir zunächst nur einen einzigen Posten, welcher in kürzester Weise einen Theil der im Ganzen bis dato eingenommenen 1,076,000,000 Thlr. an's Ausland zurückgiebt, uns jeder Sorge über seine richtige Veranlagung überhebt. Es sind dies die 86½ Millionen Thlr., welche das Reich der französischen Republik für die Ueberlassung der Ostbahn bezahlt. Schon an diesem Exempel wird deutlich, wie besonderer Art die Verhältnisse sein müssen, damit thatsächlich die Kriegsentschädigungsgelder kraft einer einfachen Manipulation und mit einem Federzuge zu einer namhaften Bereicherung an sachlichem Werth dienen können. Auch hier ist nicht ein Object im Werthe von 325 Millionen Franken nach Deutschland hineingetragen worden, sondern der in's Ausland gedrängte Eigenthümer (die französische Ostbahn-Gesellschaft) verzichtet auf sein Besitzthum zu Gunsten des deutschen Nachfolgers, mit anderen Worten: das deutsche Reich hat mit einem Theil der Kriegsentschädigung die Rente gekauft, welche die Ostbahn aus Elsaß-Lothringen zu beziehen hätte. Als zweiten Posten, welcher direct aus dem Ausland hereingezogen wird, finden wir die Geldvorräthe, welche zur Ausprägung der neuen Münzen dienen. Sofern diese neu ausgeprägten Münzen die Masse der umlaufenden einfach zu vermehren bestimmt sind und diesen Zweck auch erfüllen, ohne die Gesammtmasse entsprechend zu entwerthen, ist auch hier die Form gefunden, das deutsche Nationalvermögen auf directem Wege durch Transaction mit dem Auslande zu vermehren.

Mit diesen beiden Posten aber scheint uns unter diesem Gesichtspunkt die Sache erschöpft. Von sämmtlichen 378 Millionen Thaler die nach dem erwähnten Ausweis bis jetzt zur Verwendung gekommen, haben nur der Ankauf der französischen Ostbahn und die Beschaffung auswärtiger Prägemittel dazu gedient, massenhaft fremdes Material direkt aus den Entschädigungsgeldern nach Deutschland zu ziehen, ohne daß auf dem Handelsweg Gegenwerthe dafür abgegeben worden wären.

Gehen wir nun zu den andern Verwendungen über, so finden wir zunächst die unentgeltlichen Leistungen in Form von Entschädigungen, freigebigen Spenden, Pensionen u. dergl. m. Im Ganzen eine Summe von ungefähr 75 Millionen Thlr. Diese sind an verschiedene Kategorien von Personen ausgezahlt worden, unter denen wir namentlich aufführen wollen die entschädigten Rheder, die Empfänger von Ersatz für Kriegsschäden und Kriegsleistung, die aus Frankreich vertriebenen Deutschen, die dotirten Generale, die Invaliden, denen vorläufig ihre Pension gezahlt wurde. Alle diese Empfänger haben gewiß die erhaltenen Beträge zu Anschaffungen, sei es für augenblickliche Verzehrung, sei es für dauernde Anlage mit geringen Ausnahmen im Inland verbraucht. Ein kleiner Theil mag direct in's Ausland gegangen sein durch die Hände der entschädigten Rheder, ein anderer durch die Hände der aus Frankreich vertriebenen und wieder dahin zurückgekehrten Deutschen. Das Theil der Letzteren gleicht sich ohne Zweifel reichlich aus durch das, was die nicht nach Frankreich zurückgekehrten Deutschen an Erlös aus dort besessenen Vermögensobjecten nach Deutschland hereingezogen haben.

Eine fernere Kategorie von Ausgaben der Regierung findet ihre Verwendung in öffentlichen Arbeiten zu Landesvertheidigungs- oder anderen gemeinnützigen Zwecken. Dahin gehören die 18½ Millionen Thlr. für Betriebsmittel und Bauten, für die Eisenbahnen in Elsaß-Lothringen; die 40 Millionen zur Wiederherstellung, Vervollständigung und Ausrüstung der Festungen in Elsaß-Lothringen und eine Summe von im Ganzen etwa 35 Mill. für sonstige Bedürfnisse, als Vervollständigung der deutschen Festungen, der Marine, der Eisenbahnen, der Telegraphen u. s. w. Alle diese Ausgaben übersetzen sich in Arbeitslohn oder Eintausch von Objekten der Hauptsache nach im Inland. Wenn eine vermehrte Summe von Zahlmitteln, solchen Tausch und solche Anspannung der Arbeitskraft befördernd, nicht ohne heilsame Wirkung bleibt, so vermag doch alles hier beschriebene nicht durch die bloße Auskehrung von Kriegsgeldern den Reichthum an Objekten und an Arbeitsfähigkei sofort zu vermehren. Die erste direkte Wirkung ist vielmehr die einer größeren Nachfrage nach Objekten und nach Arbeitern; Preise und Löhne steigen, das Land ist um einen Anlauf zur Thätigkeit reicher, um wirkliche Gaben nicht; in mancher Hinsicht sind ihm sogar Verlegenheiten bereitet.

Als Ausgaben, welche direkt ins Ausland zurückflossen, können unter gegenwärtiger Rubrik noch gerechnet werden: ein Theil der 24 Millionen Mehrbedarf gegen den Friedens-Etat in Folge der Occupation französischer Gebietstheile und die Million für die Kosten des großen Hauptquartiers. Auf diese beiden Posten beschränkt sich auch hier die direkte Verzehrung auswärtigen Materials.

Die für verschiedene Betriebsfonds, für stehende Reichskassen, bei der Zollverwaltung, bei der Marine, bei dem eisernen Vorschuß für das Reichsheer u. s. w. verrechneten Beträge fallen selbstredend entweder unter die Kategorie der vermehrten Umlaufsmittel, oder der Verwendung auf Arbeitslohn und auf Kaufobjekte im Inland. Der Kriegsschatz von 40 Millionen in Gold hat 30 Millionen Silber in die Circulation gestoßen, beziehungsweise nach ihrer Verausgabung nicht wieder an sich gezogen. Ein Letztes endlich bleibt die Rückzahlung früher contrahirter öffentlicher Schulden (in der Aufstellung am 12. März nur etwa für 14 Mill. Thlr. figurirend). Diese letztere Verwendungsart, welche in dem Aufbrauch der französischen Kriegsgelder eine große Rolle zu spielen berufen ist, bringt zunächst keine Veränderung in dem Besitzstand stofflicher Objekte hervor, sondern sie findet ihren letzten Ausdruck in dem Personenwechsel der Rentenschuldner. Die Stelle des Budgets, welches bisher dem Staatsgläubiger eine halbjährige Rente zahlte, nimmt ein neuer Schuldner ein, den sich der bisherige Staatsgläubiger suchen muß. Denn wir müssen voraussetzen, daß der letztere im Durchschnitt eine der früheren ähnliche Veranlagung aufsuchen wird. Die Form der momentanen Rückzahlung bleibt hier wie überall Nebensache; die Ausgleichungsmittel (Geld, Noten oder Compensationen) mittelst welcher der Staat seine Gläubiger heimzahlt, werden nur momentan dem allgemeinen Reservoir entnommen und fließen alsbald in dasselbe zurück. Ein Theil des freiwerdenden Capitalvorschusses wendet sich an's Inland, belebt neue Unternehmungen und Arbeiten, kann jedoch, wie bereits nachgewiesen, sich nur allmählich in neue Schöpfungen umsetzen. Das frei werdende Kapital des Staatsgläubigers kann zwar jede Gestalt annehmen in den Händen dessen, dem es von neuem vorgeschossen wird, aber es hat doch nur zu wählen, wenn es nicht auswandern will, zwischen den Objekten die sich bereits im Lande befinden und solchen welche in den Grenzen bestehender Tauschbeziehungen sich vom Auslande hereinbringen lassen. Was auf diese Weise nicht unterkommt, sucht bleibende Verwendung im Auslande schon um dem verminderten Zinsbezug zu entgehen, welcher aus der Rückzahlung der Staatsschulden u. s. w. entspringt.

In Frankreich hat sich die Zahl der Forderungen an fremde Budgets und Gesellschaften vermindert und Deutschland hat einen großen Theil dieser freigewordenen Forderungen (besonders an Oesterreich und Italien) übernommen. Das heißt: der französische Rentenbesitzer bezieht jetzt die Zinsen seines dem französischen Staat vorgeschossenen Capitals von seinem französischen Mitbürger, welcher die Zinsen der Rente mittelst seiner Steuer, d. h. Ersparniß aufbringen muß. Für deutsche Gläubiger fremder Staaten arbeiten die Steuerzahler und Gesellschaften

Oesterreichs und Italiens mehr als bisher. Es sei hier eingeflochten, daß die jüngst im Reichstag von einem Redner aufgestellte Behauptung, Deutschland sei auch in Folge der Betheiligung an der letzten französischen Anleihe in nennenswerthem Verhältniß Rentengläubiger nach Frankreich hin geblieben, auf thatsächlichem Irrthum beruht. Der größte Theil der in Deutschland unterschriebenen Beträge war für französische Rechnung unterzeichnet, und der von Deutschen übernommene Theil ist beinahe ausnahmslos nach Frankreich zurückgekehrt noch ehe der Cours von 90 für die Anleihe erreicht war.

Der Vollständigkeit halber soll noch angeführt werden, daß der Uebergang einiger größerer Bergwerksunternehmungen am Rhein aus den Händen französischer Besitzer in die von deutschen zur Ausgleichung mehrerer Millionen diente.

Ueberblicken wir die Gesammtheit der angestellten Beobachtungen, so bleibt uns jedenfalls die Ueberzeugung, daß die Bereicherung der Nation an brauchbaren Objekten zu einem geringen Theil vor sich geht durch sofortige Hereinziehung von Gegenständen aus dem Auslande; ein anderer schon beträchtlicherer Theil in der jedoch minder handgreiflichen Form der Begründung einer Rentenforderung an das Ausland; und daß der bei weitem stärkste nur durch Belebung der Arbeitsthätigkeit vermittelst gesteigerter Nachfragen zu Staats- und Verkehrsbedürfnissen, vermittelst vermehrter Umlaufsmittel und des im Verhältniß zu ihnen steigenden Credits verwirklicht werden muß. Aber aus allen diesen Quellen kann nichts erfließen, was denkbarer Weise in kurzer Zeit den Vorrath der brauchbaren Dinge (Reichthümer) innerhalb der Nation um die ungeheure Masse des Werths, der in den 5 Millarden ausgedrückt ist, zu vermehren im Stande wäre. Wir müssen daher zu dem Schluß gelangen, daß die auf einen Zeitraum von ungefähr zwei Jahren zusammengedrängte Operation der französischen Schuldabzahlung nur eine s c h e i n b a r e Liquidation sein kann; daß die wirkliche Absorbirung einer solchen Werthmasse überaus viel mehr Zeit in Anspruch nimmt; und z w a r s o v i e l Z e i t a l s n ö t h i g i s t, u m d u r c h e r l e i c h t e r t e u n d b e s c h l e u n i g t e P r o d u k t i o n i m I n l a n d (v e r m e h r t e U m l a u f s- u n d C r e d i t-M i t t e l) o d e r d u r c h d i e g ü n s t i g e n W e c h s e l-V e r h ä l t n i s s e z u m A u s l a n d (v e r m e h r t e K a u f k r a f t u n s e r e r V a l u t a) den Nationalvorrath an brauchbaren Gütern zu vermehren. Nur ein solcher Gang der Dinge entspricht auch dem äußeren Verlauf von dem sich unsere sinnliche Vorstellung Rechenschaft geben kann. Wir schleppen nicht für 4 oder 5 Milliarden Franken Objekte mehr als früher im Laufe von 2 Jahren nach Deutschland herein, noch weniger können wir sie aus unserem Innern in solcher

Zeit herstellen. Ein großer Theil der Liquidation geht nur fiktiv auf dem Papier vor sich, ein je größerer desto besser. Denn jeder Versuch, dem natürlichen Verlauf der Dinge Gewalt zu thun, würde sich rächen durch Verschwendung und durch Verrenkung der bisherigen Produktions-Verhältnisse. Dasselbe Naturgesetz, das uns die urplötzliche Bereicherung verbietet, schützt die Franzosen vor einer gleich schädlichen rasch eintretenden Entreicherung. Die Zuziehung des Auslandes, der ganzen von unserer heutigen Geldwirthschaft umspannten Welt, und das Eingreifen der Fiction bei der Abwicklung bewirken, daß trotz der widernatürlich raschen Abzahlung die effectiven Verhältnisse des Schuldners noch weniger gedrückt als die des Gläubigers gehoben werden. Darin finden wir die Erklärung des so oft seither angestaunten Phänomens, daß die Franzosen, trotz ihrer enormen Geldleistungen an Deutschland, nach wie vor in Wohlbehagen und reichlichem Lebensgenuß fortexistiren. Zum Glück beider Länder ist die Natur der Dinge stärker als alle Abmachungen auf dem Papier, sei es in Friedensverträgen zwischen Staatsmännern, sei es in Bankoperationen zwischen Kaufleuten. Die thatsächliche Uebertragung der 5 Milliarden kann sich erst in so langer Zeit vollziehen, daß der daraus entstehende jährliche Ausfall von der einen und Zuschlag von der anderen Seite nur einen Bruchtheil ausmacht neben der jährlichen, aus eigner Kraft entspringenden Bereicherung, welcher durch die Arbeit der empfangenden wie der leistenden Nation in die Welt gesetzt wird. Und dies ist gut und tröstlich in jeder Weise. Im Alterthum oder auch in näher liegenden Zeiten einer weniger vervollkommneten Geldwirthschaft wäre vielleicht der Weg einer colossalen Bereicherung auf Kosten der Besiegten durch Fortschaffung materieller Güter aus dem einen Land in's andere bewerkstelligt worden. Noch die Generale des französischen Direktoriums und Napoleon I. wälzten in viel stärkerem Maße als wir, die ganze Last der Naturalverpflegung ihrer Armeen auf die eroberten Länder, und im Punkt der Kunstschätze hielten sie im vollsten Umfang das antike Raubsystem aufrecht. Deutschland hat im letzten Krieg nicht blos die vornehme Kunstpiraterie verschmäht, sondern auch den Unterhalt seiner Armeen zum größeren Theil, sei es durch Proviantkolonnen, sei es durch baar bezahlte Anschaffungen, bestritten. Die Zwangsrequisitionen zu unentgeltlichen Leistungen bildeten, so schwer sie auch stellenweise von den Besiegten empfunden wurden, doch nur die Ausnahme von der Regel. In dieser ganzen Methode die Prozeßkosten des Kriegs erst nachträglich in einer Finanzoperation auszugleichen, welche auf dem Fiktionsweg der Natur Zeit läßt mit wirklicher Produktion langsam nachzufolgen, liegt ein nicht genug zu beachtendes Sänftigungselement moderner Kriegsführung.

Aber auch bei dem hierdurch gewonnenen Spielraum dürfen wir nicht übersehen, daß der Zeitabstand zwischen der scheinbaren Liquidation und der wirklichen, sachlichen sich nicht nach Belieben verkürzen läßt. Um es deutlich zu machen: auch die bloße Zahlung einer so kolossalen Summe wie die von 5 Milliarden ließe sich nicht an einem Tage selbst auf noch so symbolische Weise bewerkstelligen. Weder Geld noch Zahlungsanweisungen lassen sich so zusammendrängen, daß etwas wie die wirkliche Uebertragung eines so großen Betrages an einem Tage stattfinden könnte. Die Circulations- und Creditmittel Europas müßten einen widernatürlichen Ueberfluß in sich geborgen haben, wenn sie die Möglichkeit gewähren könnten, daß eine so ungeheure Masse aus ihrer Mitte in einem gegebenen Augenblick zur Verfügung eines gegebenen Empfängers gestellt werde. Die daraus entstehende Entleerung allerorten wie die Ueberfüllung am einzelnen, bestimmten Orte, wenn überhaupt denkbar, würde die tiefsten Störungen hervorrufen. Und was von dem einen Tag gilt, gilt auch von jedem kurzen Zeitraum. Kurz ist in dieser Beziehung auch die Frist von etwas mehr als 2 Jahren, in welche die successiven Verträge mit Frankreich die Operation zusammengedrängt haben. Es ist zu fürchten, daß auch hier eine Vergewaltigung an den disponiblen Zahlungsmitteln versucht wird; nicht minder daß es dem Empfänger fehlt an hinreichenden Kanälen um die künstlich concentrirten Mittel wieder rechtzeitig in ihr natürliches Bett zurückzuleiten. Die rasche Abwickelung der Kriegsleistung enthält einen wirthschaftlichen Fehler, der sich rächt und rächen wird viel mehr am Gläubiger als am Schuldner. Wenn Frankreich auf solche rasche Abwickelung drängte, so war es dazu durch Rücksichten von zwingender Macht bestimmt, wozu noch der Umstand kam, daß es zunächst die Zahlmittel aus den entbehrlichsten Hülfsquellen, fremdem Credit und frei gewordenem Metall, schöpfte; hauptsächlich aber war es angetrieben durch die höchst legitime Ungeduld nach der Räumung seines Gebiets. Für Deutschland liegen die Dinge anders. Wir werden uns überzeugen, daß die Zahlungsmittel momentan zum größeren Theil aus unserem eigenen Vorrath geschöpft werden, die Perturbationen durch plötzlich entstehende Leeren und Ueberfüllungen daher am stärksten auf unserem eigenen Gebiete spielen. Ebenso sind die politischen Motive zur raschen Abwickelung für uns weniger drängend als auf der französischen Seite. Die Ungeduld nach dem Empfang, welche sich aus der Ungewißheit über den thatsächlichen Eingang der Gelder ableitete, kann sich nicht messen an moralischer Berechtigung mit der Ungeduld des Besiegten die Gegenwart seines Siegers los zu werden.

Wir durften, wir mußten, sofern wir wirthschaftlich vernünftig verfahren wollten, selbst theilweise auf Kosten des ganz sicheren Eingangs die Fristen hinausschieben. In diesem Zweifeln an dem sicheren Eingang zeigte sich in Deutschland bei Groß und Klein von Anbeginn an eine etwas philisterhafte Aengstlichkeit und Begehrlichkeit. Zweifel mochten ja berechtigt sein. Aber sie waren, wie der Verlauf bewies und wie die Sachkenner stets voraussagten, stark übertrieben. In dem Maße als die Zahlungen fortschritten, mußte das Sicherheitsgefühl für den immer sich vermindernden Rest größer werden und durfte schließlich der Gedanke selbst Raum gewinnen, für die letzten Termine von allen territorialen Bürgschaften zu abstrahiren, wie seiner Zeit im Vertrag vom 29. Juni 1872 Art. 4 verständiger Weise vorgesehen war.

Es ist zu bedauern, daß in dem neuesten Vertrag dieser Vorbehalt nicht zur Anwendung gekommen ist, so daß die Franzosen der Nothwendigkeit enthoben worden wären die Schlußzahlungen in die kurze Frist zusammenzupressen, in welcher sie ihr Gebiet geräumt zu sehen wünschen müssen. Wir hätten uns, ohne die Sicherheit der Regelung zu gefährden, mit Finanzgarantieen begnügen können, welche eine geduldige Abwickelung der letzten Milliarde möglich gemacht hätten. Nach dem Vertrag vom 15. März 1873 bleibt in der kurzen Zeit bis zum 5. September die bedeutende Summe von 1500 Millionen Franken (400 Millionen Thaler) zu zahlen. Keine Regierung würde, wenn sie eine Anleihe von so hohem Belauf contrahirte, es mit den Normalbedingungen des Verkehrs vereinbar finden, in solcher Frist den ganzen Betrag einzurufen. Wie störend solche Geldconcentrationen auf die allgemeinen Zustände wirken müssen, werden wir erfassen, wenn wir die Zahlungsoperation selbst in ihre Elemente auflösen.

Soweit das Geschäft in baar abgewickelt wird, ist uns bereits der Gang der Dinge klar geworden. Wir wissen, daß Frankreich namentlich die ersten Termine vorzugsweise in Metall und zwar mehr in Silber als in Gold (in Gold nur etwa 130 Millionen Fr.) bezahlt hat. Diese ersten Baarmittel haben am wenigsten störend auf den deutschen Geldverkehr eingewirkt; denn sie wurden nicht deutschen Vorräthen entnommen und ihr erster Zutritt konnte noch nicht die Wirkung einer starken Ueberfüllung ausüben. Sie flossen theils in den Vorrath der bestehenden Umlaufsmittel, theils gingen sie nach fremden Staaten zurück. In Deutschland blieben zunächst die deutschen Münzen, welche während des Krieges von den deutschen Heeren in Frankreich verausgabt worden waren und uns als Zahlung zurückgegeben wurden. Auch ein Theil der silbernen Fünffrankenstücke blieb im Umlauf, namentlich in Elsaß-Lothringen und in Süddeutschland. Ein anderer wanderte nach Belgien und Frankreich zurück. Unter den ersten Zahlungen befand sich sogar eine Anzahl französischer Banknoten, welchen nur der Rückweg nach dem Mutterland übrig blieb. Belgische Banknoten sind theils heimgewandert, theils vermuthlich noch in ansehnlichen Beträgen auf Lager. Momentane Störungen des Verkehrslebens sind bei uns aus dieser Zahlungsmethode nicht entsprungen. Ein Quantum Napoleondors ging schon damals aus Baiern nach Oesterreich und diente zu jenem Umtausch gegen Silbermünzen des Nachbarn, welcher unserer Goldvaluta gegenüber zur Landplage zu werden droht. England seinerseits hat periodenweise darunter gelitten, daß wir uns mittelst der von Frankreich erhaltenen Anweisungen Prägematerial aus seinen Goldvorräthen verschafften. Diese Baarabflüsse haben, indem sie die Metalldeckung der englischen Bank verminderten, zu Zinserhöhungen und allen denselben nachfolgenden Verschiebungen im Verkehr gezwungen. Vermöge der intimen Verbindung des englischen Geldmarktes mit den Märkten des ganzen Continents ist auch Deutschland hierbei in Mitleidenschaft gezogen worden.

Wie steril ein beträchtlicher Theil der Zahlungen vorerst für uns sein muß, mag daraus erkannt werden, daß seit Jahresfrist Frankreich der stärkste Käufer auf dem englischen Silbermarkt ist und dies Silber, um uns damit Zahlung zu leisten in Fünffrankenstücken ausprägen läßt, nach denen wir sicherlich kein Bedürfniß haben.

Aber viel wichtiger und eingreifender ist die Verkettung die im Wechselverkehr zum Ausdruck kommt. In dem Maße als die Abzahlungen fortschritten, ward die Abtragung mittelst der Baarmittel schwieriger, die Nothwendigkeit, zur Wechselzahlung zu greifen, gebieterischer. Die letzte Zahlung von 250 Millionen am 5. April d. J., bestand nur zu einem geringen Bruchtheil aus Gold (5 Millionen Franken) und Silber, zum bei weitem größten aus Wechseln auf Deutschland und England. Indem die französische Regierung sich nach Mitteln umsah, um Zahlungen an Deutschland zu machen, war sie vor Allem darauf hingewiesen, sämmtliche Forderungen von Franzosen zunächst und sodann von anderen Nationalen gegen Deutsche aufzukaufen. Eine der anfänglichen Operationen bestand darin, daß die Berliner Bankhäuser von Paris aus Auftrag erhielten, jede Nachfrage nach französischen Wechseln vermittelst Ziehungen auf Paris zu befriedigen. Alle Anschaffungen, welche der deutsche Handel in Frankreich gemacht hatte, wurden dadurch so geregelt, daß die französische Regierung ihren Staatsangehörigen die nach Deutschland verkauften Waaren zahlte, während die deutschen Staatsangehörigen der Reichsregierung den Preis der Waaren entrichteten, welche sie von Frankreich gekauft hatten.

Auch dieser Modus war nach einiger Zeit erschöpft und es blieb als letzter der Ankauf von Wechseln, welche der fremde Handel auf Deutschland für die Einfuhr zieht und von Wechseln auf dritte Länder, deren Deutschland zur Zahlung seiner Schulden an letztere bedarf. Dieses gesammte vielgestaltige Material kann aber nicht in den tausendfachen Formen und an allen einzelnen Zahltagen und Zahlungsorten, die für die betreffende Einzel-Operation maßgebend sind, zu den großen Abrechnungen mit der Regierung verwendet werden. Der Erlös der einzelnen Tratten für französische Rechnung auf's Ausland, die Eingänge der in Deutschland fällig werdenden Wechsel, welche Frankreich schickt, ebenso der Verschleiß der Wechsel auf's dritte Ausland vollziehen sich in Operationen, die Tag für Tag folgen, aber zum Behuf der Abrechnung von Staat zu Staat wird nur in großen Beträgen an bestimmten Terminen die Ausgleichung vorgenommen. Daraus folgt, daß in den Zwischenstadien zwischen diesen Terminen die zu diesem Zweck realisirten einzelnen Beträge auf ihre Verwendung harren. Aber es ist gegen die Natur des verfügbaren Zahlmittels, daß es still liege, heiße es nun Metallgeld oder Banknote oder liquide Kassenforderung. Der ganze Organismus unserer Verkehrswelt beruht darauf, daß keine Zinsen verloren gehen. Deshalb muß auch das sich zur Zahlung bereit machende Geld bis kurz vor dem erwähnten Abrechnungstermin ein interimistisches nützliches Unterkommen suchen. Der Beweggrund, daß der Bankier in der Zwischenzeit die Zinsen nicht verlieren will, ist nur der subjektive Ausdruck des ökonomischen Grundgesetzes, daß unsere Wirthschaft darauf eingerichtet ist, keinen Theil ihrer Tauschmittel beträchtliche Zeit entbehren zu können. Aber indem der mit der künftigen Zahlung betraute Bankier einstweilen die sich sammelnden Mittel zinsbar anzulegen sucht, muß er zugleich darauf bedacht sein, dies in solcher Weise zu thun, daß sie im gegebenen Augenblick leicht flüssig gemacht werden können. Aus diesem Grunde werden die aus den verschiedensten Anlässen in ganz Deutschland vereinnahmten Gelder nach den Börsen- und Bankplätzen hingezogen, wo sie täglich verwerthet und im gegebenen Augenblick zurückgenommen werden können. Der lebhafte und treibende Geist der Spekulations-Mittelpunkte kümmert sich jedoch wenig um die innere Bewandtniß, die ihm diesen Zufluß verschafft. Der Zufluß steigert die Geschäftslust; die Geschäftslust führt den Zufluß auf tausend Wegen seitwärts, von denen die Rückkehr nicht so leicht fällt. In den Epochen der großen Zahlungen werden dann nur unter harten Anstrengungen die flottanten Zahlmittel auf einen Punkt wieder zusammengerufen, und je länger sie bei dem Empfänger verweilt hatten, desto schwerer ächzt der Geldmarkt unter der plötzlich ihm wieder auferlegten Entbehrung. Jeder große Zahltag wirkt ähnlich wie der Vorgang, welcher eintritt, wenn ein großes Staatsanlehen in einer großen Hauptstadt eingezahlt wird. An allen Extremitäten entsteht Blutleere, im Mittelpunkt entsteht Ueberfüllung. Jeder gute Finanzminister wird sich beeilen, die massenhaften Zahlungen, welche er bei Contrahirung eines Anlehens empfängt, in den ersten Tagen dem Verkehr zurückzugeben, und ein Gleiches ist auch bei uns nöthig. Aber trotz aller anzuwendenden Vorsicht werden wir den Störungen nicht entgehen können, welche aus diesen rasch nacheinander folgenden starken Ein- und Rückströmungen der Geldmittel hervorgehen.

Der Kreislauf der vorhandenen Mittel wird in diesen kritischen Momenten um so tiefer gestört, je weniger unsere deutschen Reichs- und die preußischen Staatsfinanzen, wie die anderer moderner Staaten, sich bis jetzt mit centralen Bankinstituten identifizirt haben. In Staaten, die ihr Geldgeschäft durch einen allgemeinen Bankconto laufen lassen, fließen die momentan von ihnen aufgehäuften Tauschmittel sofort durch die Banken auch ins allgemeine Reservoir zurück. Bei uns ist die Gefahr vergrößert, daß der Staat die erhaltenen Tauschmittel Wochen und Monde lang einsperre. Das Uebel hätte sich bereits noch ärger gezeigt, wenn nicht das zugeströmte entbehrliche Metall und die starke Vermehrung der Noten der Preußischen Bank das Einsperren ohne empfindliche Entbehrung möglich gemacht hätten. Die in den letzten Zeiten oft mit Unrecht gerügte Notenvermehrung der Preußischen Bank bedeutet nur ein Depositum der Reichsregierung, welches nicht zur Verwendung kommt und in dieser Form am besten in den Kellern schläft. Die letzten starken Notenzunahmen in der englischen und preußischen Bank sind nur das Ergebniß des Fälligwerdens der 250 Millionen. Liegt nun einerseits eine gewisse Rettung darin, daß die Gesammtheit unserer Zahlmittel an Geld wie an Banknoten, an Compensationsmaterial überhaupt ansehnlich vermehrt worden ist, und zwar grade in Folge des Bedürfnisses, welches aus diesen starken Operationen entsprang, so ist andrerseits klar, daß wir unseren Besitzstand an flottanten Zahlmitteln aller Art für diese abnormen Zwecke allein nicht ins Unendliche vermehren konnten, ohne ihn für den Normalverkehr zu übertreiben und die von solcher Uebertreibung unzertrennlichen Uebel herbeizuführen. Zwischen diesen beiden Extremen des Zuviel und Zuwenig schwankt seit Jahresfrist unser Geldmarkt hin und her und wird Stoß und Gegenstoß immer heftiger empfunden, je mehr die Epochen der jedesmaligen Ebbe und Fluth an einander gerückt werden. Dazu kommt, daß bei jeglicher Ansammlung auf einer Seite sich Partikeln der Zahlungsmittel in einzelne Gänge verlieren, von denen sie nicht wiederkehren, und daß die wechselnden Erschütterungen immer stärker werden müssen, weil sie auf geringere Massen influiren. Denn das Eine muß festgehalten werden: was uns immer das Ausland zahle, die Liquidation an Ort und Stelle kann immer nur mit unseren eigenen Tauschmitteln vor sich gehen. Noch eines Umstandes müssen wir hier ausdrücklich gedenken, welcher zu Mißbildungen und deren bösen Folgen beiträgt. Der Betrag der Forderungen an deutsche Firmen, die aus dem Import entstehen, ist beschränkt. Wir verzichten ja in Folge des Krieges nicht auf unsren Export nach anderen Ländern und der Betrag, den wir für letzteren auswärts zu erheben haben, kompensirt den größten Theil unserer Schulden. Die Frage nach Wechseln auf Deutschland begünstigt daher die Erzeugung fiktiver Wechselforderungen, wirkt wie ein Treibhaus für Reitwechsel. Kommt der Zahltag heran, so muß auch für diese das Geld am Zahlort beschafft werden. Noch hilft die Erneuerung durch den wiederkehrenden Bedarf des französischen Schuldners; aber mit dem Ablauf des letzen Termins wird auch hier die krampfhafte Erscheinung nicht ausbleiben.

Auf diese Weise glauben wir gezeigt zu haben, daß nicht blos die Bereicherung um 5 Milliarden mehr Zeit und Arbeit braucht als die bloße Abzahlungsfrist andeutet, sondern daß auch die Abzahlung als solche nicht ohne Versündigung an der Natur der Dinge auf eine kurze Zeitspanne zusammengedrängt werden kann.

Die Aufgabe umsichtiger Finanzwirthschaft geht dahin, alle diese Operationen so zu leiten, daß dabei der tägliche Verkehr möglichst wenig aus seinen Bahnen gelenkt werde. Sonst möchte leicht zur Plage werden, was bestimmt war, Wohlthat zu sein.

Mancher, der uns bis hierher gefolgt ist, wird vielleicht lachend fragen, ob nicht auf einen sophistischen Scherz, auf ein Hexeneinmaleins diese ganze Untersuchung hinauslaufe? Oder hätten wir uns gar von einem Trugbild äffen lassen, indem wir uns eine Leistung von 5 Milliarden ausbedangen? Die Antwort lautet auf ja und nein, je nach der Art, wie wir den Eingang und die Verwendung unserer Forderung betreiben. Wollen wir dies in kürzerer Zeit bewirken, als in der, welche gestattet die Schaffung neuer Werthe im Inland und die Herbeiführung entbehrlicher vom Auslande zu vollführen, so werden wir nichts hervorrufen, als unnatürliche Vermehrung unserer Umlaufsmittel, unnatürliche Anstachelung des Unternehmungsgeistes, rastlose Lohn- und Preissteigerung und eine verderbliche Ableitung unserer Arbeitskräfte zu Thätigkeiten, die minder produktiv sind als die bisher in ruhiger Weise aufgesuchten. Bereits empfindet der Steuerzahler, dem correcter Weise die 5 Milliarden an Minderbelastung zum Bewußtsein kommen sollten, eine sehr geringe Wirkung. Ein großer Theil der Staatsausgaben, die wir auf Grund unserer neuen Bereicherung machen, geht in zwar nützlichen aber minder produktiven Beschäftigungen als bisher auf. Tausende von Händen werden thätig sein bei den Festungsbauten und Waffenfabriken, um die reichlichen Mittel als Arbeitslohn zu empfangen, welche wir aus den Kriegsgeldern zu solchen Zwecken bestimmen. Der übertrieben angefeuerte Unternehmungsgeist der städtischen Mittelpunkte zieht die Arbeiter herbei, wirkt hier vertheuernd auf die Wohnungen, auf dem Lande erschwerend auf den Ackerbau. Dieselben Hände, müssen wir annehmen, waren bisher in einer Weise beschäftigt, die unserem soliden Haushalt besser entsprach. Und so in der That könnte ein Theil des empfangenen Geldes sich leicht in Kohlen verwandeln, wie es in Spukgeschichten erzählt wird. Die praktische Lehre, die wir zum Schluß aus allen diesen Betrachtungen zu ziehen haben, geht dahin: auf je längere Zeit die weiteren Einnahmen, auf je weiteren Raum die uns ferner zugehenden Anweisungen auf's Ausland vertheilt werden können, desto besser. Andererseits dürfen auch die bereits künstlich vermehrten Vorschüsse im Inland nicht zu rasch vermindert werden. Jeder zu heftige Ruck selbst auf die unsoliden Geschäftskreise wirkt schädigend auf die solidesten zurück. Was an Baarmitteln, sei es in Papier sei es in Metall, im Umlauf ist, darf nicht plötzlich eingesperrt, es muß langsam auf das Maß zurückgeführt werden, welches gesunden Verhältnissen entspricht. Mit Zinsermäßigungen dürfen die öffentlichen Banken nur sehr zögernd einer an sie herantretenden Bewegung folgen; mit neuen Veranlagungen und Schuldabtragungen dürfen die Regierungen nur in vorsichtigstem Tempo fortschreiten. Was ihnen an Tauschmitteln aus dem Reservoir des täglichen Verkehrs zugeht, sollen sie demselben vorerst möglichst rasch zurückgeben und es stätig und allmählich zu Rückzahlungen und dauernden Verwendungen hinüberführen. Eine letzte Convention mit Frankreich um die letzte Milliarde ganz oder theilweise auch über die Räumungsfrist hinaus gegen solide finanzielle Bürgschaft zu stunden, wäre für beide Staaten, wäre für den Haushalt von ganz Europa eine diätetische Maßregel von unbezweifelbarer Heilsamkeit.

Hüten wir uns zu verfahren wie der Harpagon, der Alles was er erschwingen mag, in den Goldkasten bringen will, auf den er sich setzen kann. Hüten wir uns auch zu verfahren wie der Narr des Glücks, der alles was ihm zufließt, sofort in sichtbare Herrlichkeiten umzaubern will. Es wäre thöricht, die deutsche Nation unserer Tage mit den Spaniern Philipp's II. zu vergleichen, aber es kann — einmal im Zug des Moralisirens — nicht schaden, daran zu erinnern, daß fünfzig Jahre nach dem Zutritt des peruanischen Goldstroms die Spuren des Verfalls der großen Monarchie sichtbar zu Tage treten. Am 6. Juli 1870 warf der

Herzog von Gramont dem Hause Hohenzollern vor, es wolle das Reich Karl's V. wieder aufrichten. Die Hohenzollern waren klug genug, auch nach dem 1. September keine Gelüste nach spanischer Herrlichkeit zu nähren. Möge ihr Reich auch bewahrt bleiben vor dem zweideutigen Segen spanischer Gallionen!

Nimm Hack' und Spaten, grabe selber,
Die Bauernarbeit macht dich groß.
Und eine Heerde goldner Kälber,
Sie reißen sich vom Boden los.

FSC
www.fsc.org
MIX
Papier | Fördert
gute Waldnutzung
FSC® C083411

Kolibri 360 GmbH
Ferdinand-Jühlke-Straße 7
99095 Erfurt, Deutschland
produktsicherheit@kolibri360.de